KB040390

자판기 우유

글맛을 살리기 위해 표기와 맞춤법의 일부는 저자 고유의 스타일을 따릅니다.

* 사용폰트 말싸미, 경기천년바탕, 고도M

자판기 우유

글 **이은정** 그림 **이상수**

ㅇㅅ

작가의 말

나이가 든다는 건 내 안에 가득한 송곳 같은 가시들을

조금씩 하나하나 빼내 가는 과정인 것 같다.

하지만 그 가시들은 좀처럼 쉽게 사라지지 않는다.

가시가 박힌 고슴도치인 채로 구르고 또 구르다 보면 내 안의 허황된

꿈 하나쯤 이룰 수 있지 않을까….

2019.12.25 낙서

자판기 우유

이것은 내가 2년 전 크리스마스에 남긴 낙서예요.
어릴 적 언제 꾸었을지도 모를 꿈,
그 꿈의 흔적을 따라서 아주 조금씩 낙서를 끄적이고, 그 낙서들이 모여 지금 허황된 꿈의 한 뭉치를 만들려고 해요.

말 없고 우중충하고 못생기고 잘 웃지도 않던 이상한 꼬마가 있었어요.
무엇을 좋아하고 무엇을 싫어하는지, 표현할 줄도 모르고 표현하면 안 되는 줄 알았던 애어른이었던 아이….
미운 오리 새끼를 닮았고 까칠하고 뾰족한 고슴도치를 닮은 아이….

너무나 빠르게 자라던 아이의 시간은 어느 날 갑자기 동굴 같은 어두운 시간 속에 멈춰버렸고, 어른이 되기를 두려워하며 천천히 세상을 밀어내고 있었어요.

아프고 외롭고 어둡고 고달팠던 시간의 흔적들을 모아 이제는 그 겁쟁이 아이와 함께 세상 속으로 용기 내어 나가보려 해요.

누구는 시라고 부르고 누구는 낙서라고 부를지도 모르지만, 그 어떤 것으로 부르든 그건 읽는 당신의 몫이에요.

어설프고 모자란 나의 흔적을 좋아해준 분들에게 깊은 감사를 드려요.
이 책을 낼 수 있었던 건 그분들이 조금씩 모아준 작은 용기의 싹 덕분이었습니다.

얼마 전 갑자기 내 곁을 떠난 엄마가 내게 가르쳐 준 건
인생은 너무 짧다는 것,
사랑하는 사람은 어느 날 갑자기 떠날 수 있다는 것,
그래서 하고 싶은 말, 하고 싶은 것 아끼지 말고
보고 싶은 것, 보고 싶은 사람 실컷 보고 살라는 것!

지금 여기 바로 이 순간도,
흘러가는 순간순간이 얼마나 소중한 건지,
온몸으로 일깨워 주고 가신 우리 엄마~
평생을 고생만 하다가 예고도 없이 갑자기 내 곁을 떠난 우리 엄마….

부끄러워서 엄두도 못 내던 일을 이제야 용기 내어 봅니다.
여리고 상처 많고 남들보다 느리고 어설픈,
또 다른 누군가에게도 이 글들이 삶의 용기와 힘이 되길 바라며~

자판기 우유

너무나 말 없고 무뚝뚝해서

사랑한단 말 한마디 못하고

따뜻하게 한번 안아주지도 못했던,

아직도 어른이 되지 못한,

어떤 바보가 이제서야 엄마에게 이 글을 바칩니다.

2022.02.05

crazyduck 이은정

차례

우리는 시를 쓰고 그림을 그리면서
치유의 과정을 흔적으로 남겼어요.

마음이 많이 아프고 외로운,

또다른 누군가에게 힘이 되길 바라며….

가시

울고 싶을 때
언제든지 꺼내서
시원하게 울 수 있는

내 안의 가시
내 안의 슬픔
이제는
내 가시가 좋아졌어요.

울고 싶을 땐
언제든 꺼내서
절규하듯
나를 찌르고
시원하게 울 거예요.

그러고 나서
언제 울었냐는 듯
시원하게 웃을 거예요.

비 오고 난 뒤
따갑게 내리쬐는
찬란한 햇살처럼….

자판기 우유

내 안의 가시

내 안의 슬픔

이제는

내 가시가 좋아졌어요.

갈 수 없는 거리

그립고 보고파도 너에게 갈 수 없어.
네가 날 사랑하지 않음으로

그게 내가 사랑하는 방식이야.
그게 너와 나의 사랑의 거리야.

너는 날 보러 오라고 쉽게 이야기하지만,
내게는 너무나 먼 거리야.

사랑이 아니면 갈 수 없는 거리
사랑이 들킬까 봐 갈 수 없는 거리

너는 날 사랑하지 않기에
혼자만 아프기에 갈 수 없는 거리
그게 바로 너와 나의 거리야.

자판기 우유

개가 짖는다

개가 짖는다.
바람이 분다.
낙엽이 진다.
가슴이 내린다.

개가 짖는다.
바람에
낙엽이 날아간다.
눈물이 흐른다.

자판기 우유

고슴도치

내 안의 가시가
다시 돋아났다.

가시는
나도 찌르고
너도 찌른다.

다치기 전에
도망가시오.

구차한 변명

한 부모가 열 자식을 키워내도
열 자식이 한 부모를 감당 못 한다네.

내 안엔 열 가지의 영혼이 있어
혼자서도 감당하기 벅차다오.

한 세상 태어나서
나 닮은 분신 남겨야 한다고
어머니도 아버지도
지혜로운 어르신도
안쓰러워 신신당부

내 안엔 겁쟁이가 너무 많아
내 속엔 아픈 이가 너무 많아
나 닮은 아이는
너무 가엾지 않겠소.

그대를 알게 되고

그대를 알게 되고
난 벚꽃이 되었다가
장미가 되었다가
때론 바람에 흔들리는
갈대가 되었다가

그대를 알게 되고
난 활짝 피어 웃고
열매도 맺었다네.

뜨겁게 타오르던 태양의 열기가
서서히 사그라질 때면
내 얼굴은 붉게 타오르는 단풍이 되어
희뿌연 바람 따라 자유롭게 날아가리.

뜨겁게 타오르던 그대의 열정….
날 향한 그대 눈빛이 사라져갈 때쯤
바스락거리는 낙엽이 되어
그대 발밑에 내려앉으리.

그대 눈빛에도 그대 기억에서도
타다만 낙엽처럼
바사삭 부서지며 사라지겠지.

자판기 우유

그대가 날 영원히 잊는다 해도
그대 지나는 길에 사뿐히 내려앉은 낙엽이 되어
환한 미소로 그대 기다리겠소.

그대의 고운 발로 따스하게 꾹꾹 밟아주면
낙엽처럼 허름한 내 오랜 상처도
잔잔히 부서지며 사라지겠지.

그림자 사랑

상처가 있는
사람을 사랑하지 마세요.
그림자가 깊게 드리운
사람을 사랑하지 마세요.

상처에 찔려 아플 테고
그 깊은 그림자에 짓눌려
따사로운 햇살을
잊어버릴지도 몰라요.

그래도 어쩌지 못해
사랑하게 된다면

가시 같은 상처를 고이고이 갈아서
가슴속 깊은 곳에 숨겨 주세요.

그래도 어쩔 수 없이
사랑하게 된다면

검은 늪 같은 그림자 틈 사이로
작은 햇살이 보이도록
천천히 천천히 열어주세요.

자판기 우유

그대의 따뜻한 가슴으로
조금씩 조금씩 열어주세요.

그래도 어쩔 수 없는
사랑하게 된다면

상처투성이 그림자 닮은
바보 같은 사람을 사랑하게 된다면….

그 자리에서

조그만 티비 하나
따뜻한 이불 하나
귀여운 베개 하나
시원한 선풍기 하나
작은 방안을 가득 채운 그리움의 흔적들

언제 올지 모를 그녀 위해
오늘도 작은 창밖으로
고개를 빼꼼히 내밀고
오늘도 어제인 듯 하얗게 기다리네.

기다림의 시간만큼
새하얗게 바래버린
숱 많던 머리카락이
어디론가 사라지는 줄도 모르고

기다림의 눈물만큼
하나하나 늘어가는 주름이
동굴처럼 깊어가는 줄도 모르고

언제 올지 모를 그녀 위해
오늘도 작은 창을 보며

청소를 하고 이불을 털고
괜시리 티비도 켜보고

새카맣던 머리카락에
새하얀 눈이 한가득 쌓인 줄도 모르고
여전히 그의 눈엔
18세 철없던 소녀….

새빨간 노을이 새카맣게 지쳐 쓰러질 때까지
오늘도 어제처럼 그 자리에서 하염없이 기다리네.
뜨겁게 뛰던 그의 가슴이 새카맣게 지쳐 타버릴 때까지….

길을 걷는다

길을 걷는다.
널 잊기 위해 걷는다.
널 잊을 때까지 걷는다.

길을 걷는다.
음악을 듣는다.
네 목소리가
잊혀질 때까지 듣는다.

길을 걷는다
소리를 지른다.
네가 한 말이
지워질 때까지 소리쳐본다.

아무리 길을 걸어도
아무리 음악을 들어도
더욱더 또렷해지는
그 얼굴, 그 목소리

길을 걷는다.
널 잊기 위해 걷는다.
걸으면 걸을수록

자판기 우유

넌 내 안에 가득 차오른다.

결국 넌 내게

하나뿐인 길이 된다.

난 길을 잃었다.

껍데기

그는 그녀를 껍데기라 불렀다.

다섯이나 딸을 낳고
볼품없는 껍데기로 남은 여인.

거북이 등껍질마냥
갈라진 손등과 발등,
시커멓게 그을린 얼굴.

한 사람의 여자이기보단
다섯 딸의 엄마로
더 자주 불렸던 여인.

그렇게 그녀는 껍데기로 불렸다.

하지만 그녀도
여자이고 싶을 거야.
어여쁜 여자로
불리고 싶었을 거야.

다섯 번의 허물을 벗고
껍데기로 남은 여인.

자판기 우유

내게는 너무나 사랑스런

껍데기 여인.

꽃같네

삶이 고달프고 괴로울 땐
꽃을 불러보자
세상 참 꽃같네
자네 참 꽃같네

너는 참 말을 꽃같이 하네.
너는 참 하는 짓이 꽃같네.

오늘 기분 참 꽃같네
오늘 날씨 참 꽃같네

요즘 세상 돌아가는 게
가지가지 꽃같네
시방 참 꽃같네

꽃은 아무리 불러대도
화를 낼 줄 모른다.

참으로 꽃같은 세상
참으로 꽃같이 살아보자
욕하고 싶은 괴로운 날
가지가지 꽃을 불러보자

자판기 우유

시방 참 꽃같네
사는 게 참 꽃같네

꽃같네.

꽃꼬마

아주 쪼끄만 꼬마아이가
이제 겨우 혼자 화장실을 갈 줄 아는 꼬마아이가
화장실 문을 연채로 볼일을 보다가
지나가던 날 거리낌 없이 불러 세운다.

'나 꽃 볼래요.
올려주세요~'

화장실 옆 창문밖엔 하얗고 작은 꽃이 피어있었다.
혼자선 창문 밖도 볼 수 없는 키 작은 꼬마아이가
나보다 먼저 꽃이 핀 걸 알고 있었다.

키 큰 나도 못 보는 이름 모를 꽃향기를
키 작은 꼬마아이는 나보다 먼저 알아보았다.
저 닮은 작은 꽃향기를 제일 먼저 알아보았다.

자판기 우유

꿈

나는
아직도
꿈을
꾼다

어린 시절 숱하게
받았던 질문
너는 커서 뭐가 될래?
너는 꿈이 뭐니?

가수가 되고 싶어요.
작가가 되고 싶어요.

얘야, 그런 건 배고프단다.
얘야, 그런 건 성공하기 힘들단다.

어른이 돼서도 배고프긴 싫어요.
어른이 되면은 성공하고 싶어요.

꿈을 버리고 찾아 나선 길
꿈을 잊고서 뛰어다닌 길

배고프지 않으려 참았던 날들
더 잘살아 보려 울었던 날들

대학등록금, 학자금 대출…
알바, 계약직, 시간제 일자리…

쉬지 않고 뛰어다닌 나의 청춘
낭만, 꿈 열정은 배부른 사치일 뿐

아프니까 청춘이다.
배고프니까 청춘이다.

어른들의 경험 어린 충고
어른들의 지혜로운 격려

그런데 왜 나는
아직도 배가 고프죠?
그런데 왜 나는
아직도 꿈이 고프죠?

이루지 못한 짝사랑에 가슴 시리듯
아직 놓지 못한 꿈을 그리며

나는 아직도 눈물을 흘린다.
나는 아직도 꿈을 꾼다.

*2015 부산시문인협회주최
부산시민예술제백일장 시부문 참방 수상작

나무

비가 총총 내리는 날이면
너의 포근한 우산이 되어주고

햇살이 너무 눈부신 날이면
너의 시원한 그늘이 되어주고

입술처럼 붉어진 열매가
탐스럽게 고이 열리면
너의 지루한 허기를 채워주고

기다림에 지친 낙엽이 흩날릴 때면
너의 고운 눈을 온통 붉은 빛으로
물들이고 싶던 나무

땅거미가 잦아들고
짙은 어둠이 온 사방을 휘감아도
언제나 그 자리 그곳에서
오직 너만을 기다리고 싶던 나무

이제는 그런 나무 고만 할라요.
아낌없이 주는 나무가 아니라오.

나무 밑동이 잘리고도
그마저 내어주고 웃고 마는
어리석은 나무가 아니라오.

모든 것 다 내어주고도
눈길 한번 받지 못해도
마냥 행복해 웃음 짓는,
낡은 나이테만큼이나 슬픈 나무

그런 나무
이제 고만 할라요.

나쁜 남자

언제나 무심한 듯
무표정한 얼굴
언제나 피로한 듯
허탈한 눈빛

그러다 문득 얼굴에 웃음이 번지면
어둔 밤이 순간 낮으로 변한 듯 환하게 빛이 난다.
그 미소에 주체할 수 없이 뛰는 심장
바보같이 자꾸 웃음이 난다.

찰나 같은 그 미소 보려
자꾸자꾸 바보가 되던, 한 소녀…
어느 날 갑자기 엉뚱한 곳에
돌 던지고 펑펑 울며 뛰쳐나갔네.

그 예쁜 미소가 날 향한 게 아니었음을
그 뛰던 심장이 나 혼자만의 것이었음을…
내게 잘해주지 마요, 내게 웃어주지 마요.

그 맘 주지 않을 거라면, 그 맘 내꺼 아니었다면
내게 잘해주지 마요, 내게 웃어주지 마요.

자판기 우유

그 예쁜 미소, 그 맑은 눈빛,
난 너무 아프니까, 난 아직 아프니까

넌 나쁜 남자야
내겐 너무 나쁜 남자야

낡은 철길 위에서

아득히 보이는 먹먹한 수평선
푸른빛 바다가 까맣게 식어갈 때까지
아무 말 없이 멍하니 바라보며 서 있었네.

바람마저 따사롭던 청사포 언덕에서
그토록 잡고 싶어 하던
까칠한 그 손을 차마 잡아줄 순 없어서
발밑을 어슬렁거리던 검은 고양이 한 마리
발 한쪽 부여잡고 어색하게 웃고 말았네.

기차가 영원히 잠들어버린
낡고도 아름다운 철길 위에서
흔해빠진 오랜 유행가를 흥얼거리며
줄 수 없는 그 마음 한 조각
종이비행기처럼 날려버릴까

사랑이 아니면 우정은 말도 안 된다던
생떼 같은 그 맘 불같은 열정에
폭풍 뒤의 잔잔한 잔물결 같은 내 맘은
차마 따라갈 수 없었네.

열정이 사라진 차가운 내 맘에
뜨거운 그 맘은 어울리지 않는 거라고
멈춰진 기차처럼 멈춰진 마음에
낡아빠진 레일 위를 시끄럽게 달그락거리며

더 이상 설레지 않는 내 맘은
기차가 멈춰진 탓이라고
괜스레 툴툴거리며 허공에 던진 돌멩이 하나
파도에 풍덩! 흔적 없이 사라지네.

하나둘 밝혀지는 노란 불빛들
까만 하늘 예쁘게 수놓던
수줍은 별빛마저 가려버리고

바다 옆에서 영원히 잠든
기찻길의 빛바랜 추억
단 하나의 고백
단 한 번의 비밀
단 한 번의 추억

그날의 파도 속에 숨겨진
어리석은 돌멩이 하나
그 속에 감추고 미련 없이 던져버렸네.

남자가 부엌에 가면

남자가 부엌에 가면
거시기 떨어진다던 남자

어느 날 갑자기
아기가 되어버린
그녀를 위해

부엌에 들어가
밥을 짓고
국을 끓인다.

“이리 맛있는데
여태 이 재주를 썩히고
뭐하셨대요?
아이고 아까버라~”

아빠를 놀려대는
노처녀 막내딸래미~
기어코
콩콩콩 쥐어박힌다.

콩.콩.콩…!

30년만에

아빠가 해준

콩나물국이

너무 맛있다!

30년 만에

금남의 구역

부엌을 차지한 아빠

아빠의 거시기는

무사하겠지?

콩.콩.콩…!

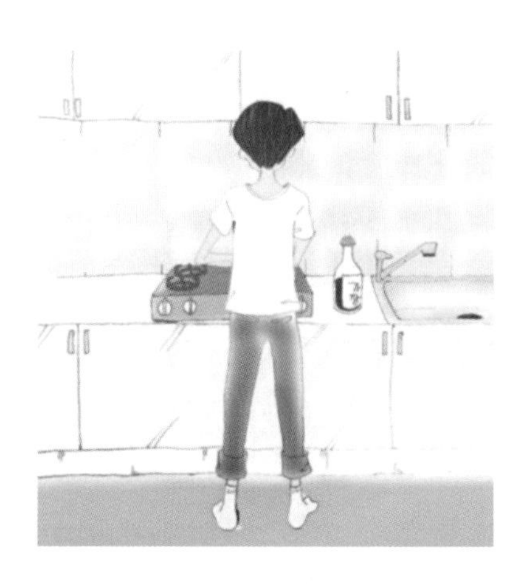

내가 알던 사랑

오랫동안 알아 왔던 그 사람이
타인보다 멀게 느껴질 때
내가 쌓은 추억들이
그 무엇보다 하찮게 느껴질 때….

그의 작은 속삭임에도 설레이고…
그의 작은 미소에도 행복했던…
더이상 그 속삭임들이
진심이 아니라 느껴질 때

그 작고 예쁜 미소들이
결코 나를 향한 것이 아니었음을…
날 향한 달콤한 언어들이
때론 진심이 아니었음을…

내가 알던 사랑이
내가 느낀 그 사랑이 아니었음을…

같은 곳을 바라봐도
다른 것을 바라볼 수 있다는 것을…

자판기 우유

내가 울 때

그는 웃을 수도 있다는 것을…

왜 진작 몰랐을까?

사랑의 크기가,

사랑의 방향이,

이토록 다를 수도 있다는 것을…

왜 나만 몰랐을까?

내가 알던 사랑이

그 사랑이 아니었음을…

너에게

아름답지 못한 내가
시를 쓴다는 건
부끄러운 일이다.

정의롭지 못한 내가
시를 쓴다는 건
염치없는 일이다.

이토록 무지한 내가
시를 쓴다는 건
낯 뜨거운 일이다.

이렇게도 못난 내가
널 그리고 쓴다는 건
부끄럽고 미안한 일이다.

그래서 너에게만은
이건 절대 비밀이다.

너의 틈새

너의 아름다운 사람들
그 틈새에서
순간순간 피어나는 외로움의 공간
잠시 잠깐 벌어지는 깊은 고독의 틈새

그 곳에 잠시만
나 머물다 가도 될까

너의 아름다운 사람들이
자리를 비울 때

아주 잠시만
너의 틈새에 머물다 가도 될까

짙은 장미향기와 찬란한 아침햇살 같은
너의 사랑스런 사람들이
깊이 잠드는 아주 어두운 시간에만,
네가 제일 외롭고 아플 시간에만,

네 곁에 잠시 머물다 어루만져주고 갈게
아무도 모르는 네 맘의 작은 틈새에
아주 잠깐만 나 머물다 갈게

눈화장

나는 눈화장을 할 수 없어
자꾸 우는 바보라서

나는 눈화장을 할 수 없어
언제 또 울지 모르니까.

나는 눈화장을 할 줄 몰라
이따 또 울 거거든

나는 눈화장을 안 할 거야.
어차피 울면 더 못생겨지니까.

어느새 또다시 길을 잃어 헤매일때면,

동백섬에 올라가 잃어버린 너를 그려본다.

어느 날 문득 먼지처럼 바람처럼
날아가고픈 날이 있다.

단풍 눈물

이것은
꽃이 되고 싶었으나
잎으로 끝내고 마는
한 생에 대한 마지막 발악…

꽃이 되어 그대에게
한껏 사랑받고 싶었으나
꽃이 되지 못하고 잎으로 꺼져야만 했던
불타는 열정의 마지막 피눈물…

그대를 갖고 싶었으나
그대에게 차마 닿지 못하고
꽃이 되어 사랑받고 싶었으나,
이렇듯 부서지며 눈물 흘리네.

그대가 한때 사랑했던 꽃처럼
오롯이 빨갛게 불타오르고 싶었네.

자판기 우유

당신 앞에서 웃는 이유

너무 크게 웃고
너무 크게 운다….

어느 순간부터인지 감정을 너무 드러내는 게
약자가 되는 것임을 알았어요.

더 상처받지 않기 위해
더 아프지 않기 위해
감정을 숨기고 표정을 숨기고
안 그래도 적은 말수를 줄이고~
눈에 띄지 않는 그림자 같은 사람이 되고 싶었어요….

이런 이상한 사람이
만약 당신 앞에서 웃고 있다면,
내가 당신을 좋아하거나
당신이 나를 좋아하거나~

나를 싫어하지 않는다는 확신이 있어야
맘껏 웃을 수 있는 사람…

어느 날부터인가
나의 웃음이,

나의 특이한 말들이,
상처로, 눈물로, 되돌아온다는 걸 알았기에…

당신 앞에서 맘껏 웃고 있거나
맘껏 떠들고 있다면,
당신이 나를 좋아하거나
내가 당신을 좋아하는 것!
단지 그것뿐!

동백섬에서

어느 날 문득 먼지처럼
날아가고픈 날이 있었다.

새하얗고 푸르른 교복을 입고
무작정 바다로 달려가던 날,
바다가 멀리 보이는 동백섬 끄트머리에서
먼지처럼 바람처럼
그렇게 깨끗하게 날아가고 싶었다.

무표정한 얼굴과 무덤덤한 가슴으로
아픔조차 느껴지지 않던 슬픈 열일곱,
그 누구에게도 사랑받지 못한 못난이.

자신조차 사랑할 수 없던,
끝이 보이지 않던 지루한 나날들…
누구나 아름답다 말하던 십대의 끝자락에
그렇게 벼랑 끝에 서 있었다.

캄캄한 바다를 보며
깜깜한 십대를 끝내려던 그때,

새하얀 등대가 비춰준 환한 빛으로
기적처럼 건져 올려진 소녀.
아직 살아 있구나!
아직 살아야 하는구나!

생선처럼 펄떡거리는 심장을 안고
차가운 바다를 뒤로 한 채
다시 빛을 찾아 걸어갔던 십대의 소녀.
새롭게 힘차게 살리라 다짐했는데…

긴 시간이 지나 또다시 빨려들고 있다.
끝이 보이지 않는 어둠의 수렁 속으로…
뜨겁던 심장은 차갑게 식어가고
세차게 뛰던 가슴은 서서히 굳어져 간다.

어느새 또다시 길을 잃어 헤매일때면,
동백섬에 올라가 잃어버린 너를 그려본다.
어느 날 문득 먼지처럼 바람처럼 날아가고픈 날이 있다.
그럴 때면
그곳에 달려가 잃어버린 너를 불러본다.

그곳엔 아직도 무표정한 얼굴에

슬픈 눈을 가진 소녀가 있다.

새하얗고 푸르른 교복을 입고

나를 바라보는 열일곱 소녀가 있다.

자판기 우유

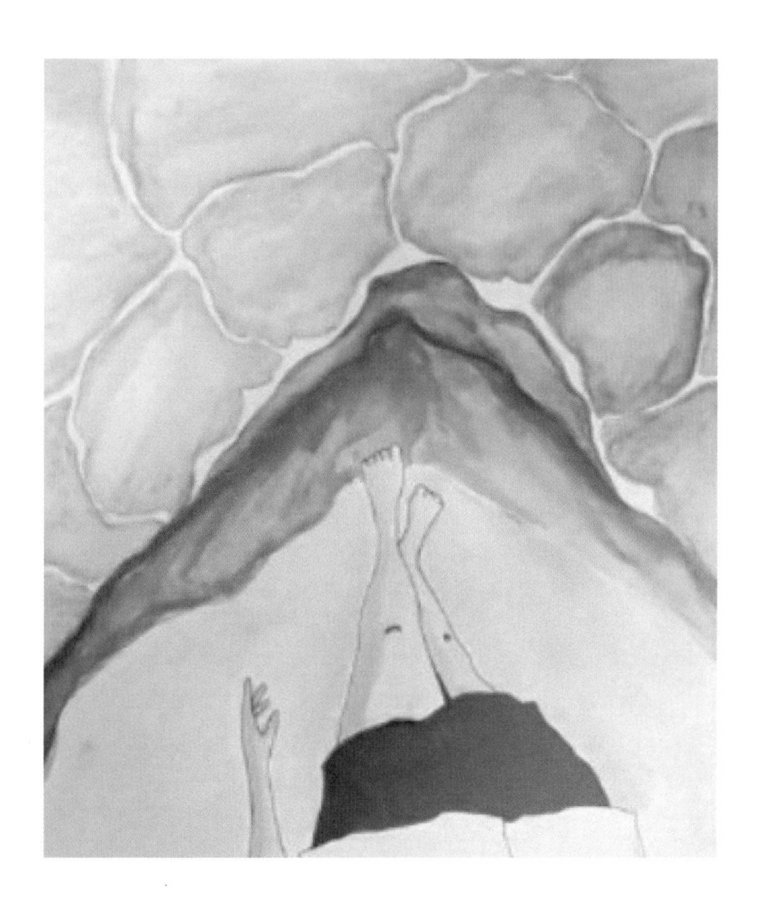

땅끄지

한 집에 아이가 너무 많아
유치원에 가지 못한 두 아이는
그 시절 한 동네 유일한 소꿉친구!

'여기 우리 아파트야! 여기 오지 마!'
아파트 놀이터에서 신나게 그네 타고 놀다가
새초롬한 아파트 아이 쨍쨍 소리에 쫓겨나면
학교 놀이터에서 차가운 미끄럼틀 타다가
개미 잡고 모래 파고 구덩이 파고 뒹굴뒹굴~

어떤 날은 엄마 옆에 시장 놀이터~
쪼그만 꼬맹이 둘이서 온 사방을 뛰다니며
생선 냄새, 과일 냄새, 튀김 냄새, 사람 냄새…

하늘이 까마득해져 빈집에 온기가 돌아날 때쯤
온갖 냄새를 잔뜩 달고 온통 새까매진 채로
하루 온종일 그리웠던 집으로 돌아가면
깨끗하고 청순한 사춘기 언니의 시퍼런 호통 소리!

'이기 여자가! 땅끄지가!
아이고 드러버라~
깨끗이 씻고 온나!'

그 시절 한 동네 같이 살던,
아이 많은 두 집의 유일한 소꿉친구
두 아이의 가슴저릿, 아련한 추억…

한 아이는 어여쁜 두 아이의 엄마가 되었고
한 아이는 둘이서 같이 파던
새까만 모래 구덩이 속에서
이제는 홀로 남아
꿈을 잃은 땅끄지를 아직도 찾고 있다.

만지지 마세요

만지지 마세요.
가까이 오지 마세요.
멀찍이 거기서 보기만 하세요.

사랑한다면
사랑하고 싶다면

멀리서 바라만 보고
멀리서 마음으로만
그저 마음으로만 사랑하세요.

가까이 가면 아플지도 몰라요.
가까이서 만지면 병들지도 몰라요.

보이지 않는 무언가가 병들게 하고
보이지 않는 무언가가 삶을 빼앗고
보이지 않는 것들이 소중해진 시간!

보이지 않아도 만질 수 없어도
만날 수 없어도
난 그댈 사랑할 수 있어요.

자판기 우유

그저 맘으로만

첨부터 그래왔듯

그저 그댈 위한 맘으로만…

먼저 갈래

너 먼저 갈래
나 여기서 조금만 더 울고 갈게

뒤돌아보지 말아 줄래
나, 이대로 조금만 더 울고 갈게

귀 좀 막아 줄래
울음소리 들리지 않게~

오늘만 오늘만
나 좀 모른 척 해줄래

FESTIVAL

못

나는 못이오.

그 자리를 사랑하지 마시오.

그 누구도 깊이 사랑하지 마시오.

나 하나 뽑히고 나면

그 자리엔

희미하게 녹슨 눈물 자국만 남을 테니

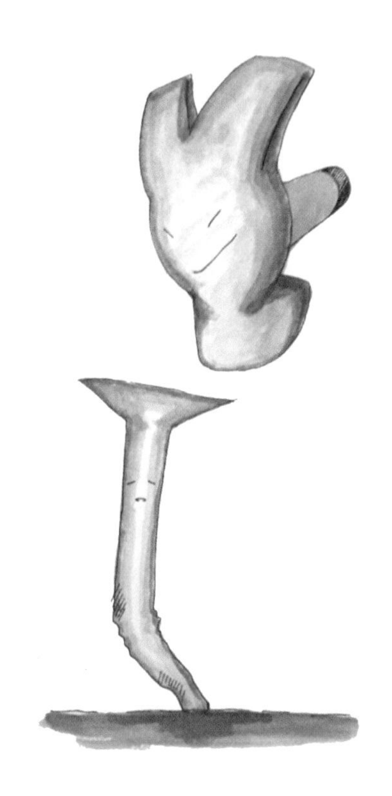

물과 기름

나는 너를 사랑하지만 우린 섞일 수 없네.
닮은 듯 투명하지만
너는 깨끗한 물, 나는 더러운 기름

널 갖고 싶어
네 안을 파고들려 해도
자꾸자꾸 밀어내는 너의 차가운 손

난 너를 사랑하지만 우린 사랑할 수 없네.
너는 눈부시게 깨끗하고
나는 너무 더러운걸…

차갑게 밀어내는 너의 손위로
방울방울 흩어지는
내 더러운 눈물….

자판기 우유

바람에 맡기자

외로움을 견디지 못해
붙잡으려 했던 인연들.

때때로 젖어 드는
가슴속 비바람 때문에,
억지로 붙잡으려
애태웠던 시간들.

숨이 넘어갈 듯
까르르 웃어대도,
숨이 차오르게
소리 내 울어 봐도,

채워지지 않는
텅 빈 내 가슴속…

아무리 잡으려 해도
멀어져가는 인연들.
아무리 잊으려 해도
되새겨지는 추억들.

잡으려 잡으려 해도

잡히지 않는 바람처럼

잊혀진 듯 멀어져도

어느새 내 머리칼을 만지는,

한줄기 허탈한 바람처럼,

그렇게 그렇게

바람에 맡기자….

방랑시인 이삿갓

산과 바다 벗 삼아
이리저리 헤매이는
방랑시인 이삿갓

오늘은 산을 타고
내일은 바람 타고

햇빛이 데워준
움푹한 돌을 베개 삼아
나무가 덮어준
까만 그늘을 이불 삼아

발 닿는 어느 곳이
오늘 나의 집이련가

오늘은 바다 건너
푸른빛 그녀의 사랑
그녀 위해
팔딱이는 물고기를 잡아주고

내일은 계곡 너머
초록빛 그녀의 사랑

자판기 우유

그녀 위해
가시 돋친 절벽 꽃을 따다 주리

원 없이 사랑해주고
아낌없이 쏟아주고
뜨겁게 불타기 전에
미련 없이 떠나는 사랑

집착도 원망도
그 어떤 욕심도 없이
미련 없이 보내주는
담백한 떠돌이 사랑

구름 따라 바람 따라
이리저리 헤매이는
방랑시인 이삿갓

오늘은 그 어떤 곳이
나의 집이 되어줄까.
오늘은 그 어떤 이가
내 사랑이 되어줄까.

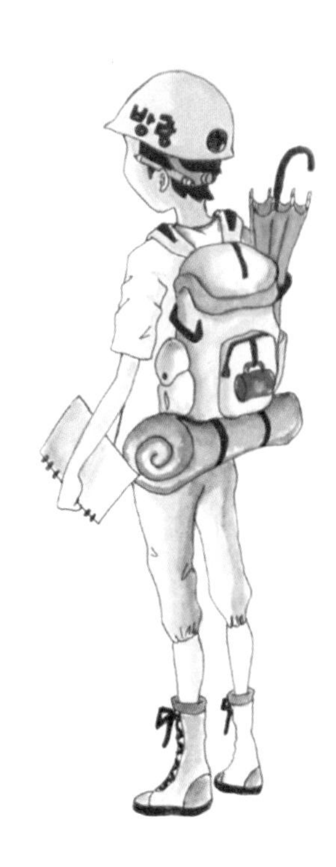

별을 보다

환상과 현실은
한 끗 차이

별과 모래는
천지 차이

*별을 사랑하기엔
모래는 너무나 힘겹고 버거웠다….

봄빛

시퍼렇게 멍든 하늘 아래
소리 없이 터져 나온 새하얀 목련
너무 눈부셔 차마 바라볼 수 없었네.

내 어둠이,
내 짙은 그림자가,
그 고운 꽃을 시들게 할까 봐
차마 똑바로 바라볼 수 없었네.

불현듯 바람을 타고 날아와
콧등을 간질대는 짙은 꽃향기가
내 맘을 온통 흔들어대도
그 고운 꽃망울 금세 터져 버릴까 봐
작은 손끝으로도 차마 만져볼 수 없었네.

아주 오랫동안 짙은 어둠 속에서
겨울만이 가득했던 내 깊은 동굴 속에서
희미하게 새어 나온 목련 꽃향기가,

내게 봄을 알려주네.
내게도 봄이 있다고 새하얗게 소리치네.

비 오는 날

비 오는 날은
실컷 울 수 있는 날
우는 소리도
찡그린 눈물도 가릴 수 있어 좋았지

똑! 똑! 똑!
빗소리에 맞춰
뚝! 뚝! 뚝!
한 방울 한 방울 떨어지는
처량한 눈물 소리

소리 질러 울어 봐도
들리지 않는 내 목소리
큰 소리로 불러봐도
대답 없는 네 목소리

널 향한 내 맘도
빗소리에 가릴 수 있음 좋겠다.

자판기 우유

뻔데기의 시간

나는 정말 못생겼다.
나는 정말 오지게도 못생겼다.

아주 작은 껍데기에 갇혀 사는
보잘것없는 미물
그 누구도 봐주지 않는
주름지고 징그럽게 못생긴 뻔데기…

허나 작은 빗소리에도 깜짝깜짝 놀라고
이슬 먹은 잎사귀에도 아름다워 감동하는,
나는야 낭만 뻔데기…

착각이라 해도 좋아!
비상을 꿈꾸며
오늘도 나 홀로 웃음 짓네.

아름다운 나비가 아닌
허름한 나방이 된다 해도,
나는 마냥 좋아,
나는 바보처럼 웃을 테야.

자판기 우유

시퍼런 하늘을 날수만 있다면
눈 부신 햇살을 만질 수만 있다면….

삐딱이 사랑

삐뚤어진 나의 마음은
돌이킬 수 없네
상처 입은 나의 가슴은
돌이킬 수 없네

돌아서 버린
너의 발길을
되돌릴 수 없네

멀어져가는
너의 마음을
붙잡을 길 없네

멍청하게 흐르는
나의 눈물은
멈출 수가 없네…

돌아서 가는
너의 등만을
하염없이
바라보네….

자판기 우유

삐에로의 눈물

누군가를 웃기기 위해
얼마나 많은 눈물을 흘렸는지
아무도 모른다.

해맑은 웃음 뒤엔
피 흘리는 눈물이
우렁찬 박수 뒤엔
사무치는 고독이

삐에로는 그 많은 눈물을 감추기 위해
오늘도 내일도 알록달록 곱게 색칠하고
눈부신 조명 아래서 웃기고 웃는다.

우스꽝스런 몸짓 뒤엔
가슴 시린 아픔이
짙게 칠한 분장 뒤엔
깊게 감춘 상처가…

알록달록 곱디고운 색색 분장
이제는 더 이상 할 수 없어
더 아프고 고독한 삐에로는

어릴 적 맨얼굴로 맨살을 부벼대며
거침없이 안아주던 엄마 품이 그리워져
아무런 고통 없는 영원한 그곳으로
하이얀 새가 되어 자유로이 날아갔네.

아직도 자판기 속 새하얀 우유에선

엄마 냄새가 난다.

거칠고도 따뜻한 엄마 손길 닮은

엄마 냄새가 난다.

사랑 숨기기

어떤 이의 사랑은 꼭꼭 숨기는 거라 배웠네
못난이의 사랑은 들키지 않아야 하는 건 줄 알았네
멍충이의 사랑은 저 깊은 항아리에 꾹꾹 눌러 담아
두고 참아야 하는 건 줄만 알았네

사랑하지 못하고 저 멀리 날아가 버린
머저리 청춘들아
말 한마디 못하고 저만치 멀어져 버린
겁쟁이 사랑들아

미안하다 그리고 사랑했다
아주 먼 훗날에 다시 만나면
그땐 꼭 사랑했다고 말해 줄게.

자판기 우유

사랑하네

못생긴 아이가 못생긴 것들을 사랑했네
말 없는 이가 말 없는 것들을 사랑하네

상처 입은 이가 상처투성이를 사랑하네
아픈 이가 아픈 것들을 사랑하네

여린 이가 여리고 어린 것들을 사랑하네
어리석은 이가 어리숙한 것들을 사랑하네

가난한 이가 또 가난한 이를 사랑하네
외로운 이가 지독하게 외로운 이를 사랑하네

울보가 울보를 사랑하네
바보가 바보를 사랑하네

사랑받지 못한 이가 사랑받지 못한 이를 사랑하네
그래서 나는 너를 사랑하네
그렇게 너도 나를 사랑하기를
부디 너도 나를 사랑했기를

바보가 바보를 사랑했네…
바보가 바보를 그리워하네….

자판기 우유

삶의 속도

그들은 그들의 속도로 살고
우리는 우리의 속도로 살자.

달팽이는 달팽이의 속도로
벌새는 벌새의 속도로
소리 없이 잔잔하게 살아가듯

그들은 그들의 삶이 있고
우리는 우리의 삶이 있다.

우리만의 속도로
우리만의 모습으로
우리의 삶을 살아내자.

더 이상 아프지도 말고 슬프지도 말고
그냥 그렇게 욕심 없이 걸어가자.

섬

너는 섬이었다.
잡힐 듯 말 듯 보일 듯 말듯
안개 속에 휩싸여 환상처럼 다가온 섬

언제나 그리워하면서도
폭풍 같은 파도에 밀려
쉽게 건너갈 수 없는...

힘겹게 다가가면
차가운 모래와 바람으로
더 힘차게 밀어내는 섬

멀어지면 그리워지고
다가가면 멀어져가는
애타는 목마름의 섬

깊은 물과 파도, 걷잡을 수 없는 바람에 막혀
쉽게 찾을 순 없어도

아득하게 보이는 눈부신 푸르름으로
가슴속엔 언제나 그리움으로 살아있는,

자판기 우유

너는 내게

신기루 같은 섬이었다.

슬픈 이상형

이 못난 나의 이상형은
날 사랑하는 사람

세상 풍파에 찢기고 더러워져도
오직 나 자체를 사랑해 줄 사람

나조차도 내가 싫어져
모든 걸 포기하고 싶을 때마저
날 사랑해 줄 사람

사랑받는 일이 하루일과의 전부였던
그 어린 날에도
사랑받지 못한 아이는

오로지 나 그대로 사랑해 줄
누군가를 기다렸네

자신조차 사랑하는 게 힘겨웠던
한 사람의 이상형은
숨겨진 상처, 거칠게 드리워진 민낯까지도
사랑해 줄 사람

누군가를 사랑하는 것
누군가에게 사랑받는 것
흔하디흔한 그것조차 너무나 힘겨웠던
슬픈 나의 이상형

그저 나 그대로를
사랑해 줄 한 사람

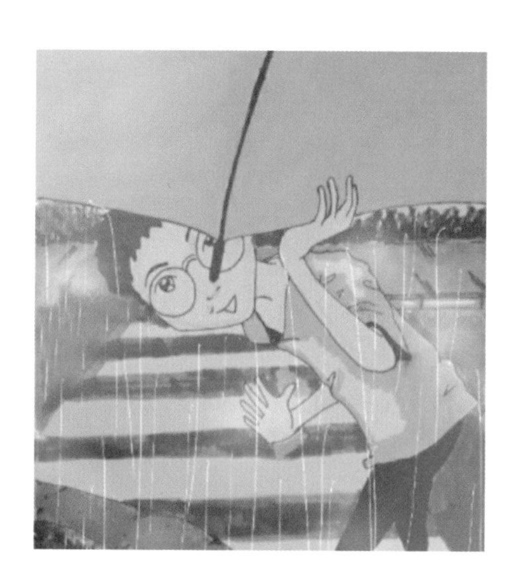

시간이 지나면

가슴이 불타는 시절에는
이룰 수 없는 꿈도 고통이고
바라만 보는 사랑도 고통이고
숨막히던 기다림도 고통이고

시간이 지나면
한낮 같던 시간이 지나가면
이루지 못한 꿈도 추억이고
바라만 보던 사랑도 추억이고
기나긴 기다림의 끝도 추억이고

더 오랜 시간이 흘러가면
꿈꿀 수 있던 순간도 행복이고
바라만 보던 사랑도 행복이고
아프기만 하던 기다림의 순간도 행복이었어라.

시장에 가면

시장에 가면 엄마 생각이 난다.
저건 엄마가 팔았던 거
저건 엄마가 자주 사 오던 거
저건 엄마가 자주 먹었던 거

저기 저쯤엔 엄마의 자리…
손님이 올 때까지 한없이 기다리던 엄마의 자리…

가난 때문에 친구도 멀리하고
가난 때문에 친척도 멀리하고
가난 때문에 자식 먹여 살리려
새벽부터 밤까지 한없이 기다리던 엄마의 자리…

얼마나 외로웠을까
얼마나 그리웠을까
얼마나 고단했을까

사과 파는 아줌마
멍게 파는 아줌마
마늘 까는 할머니…
여기도 엄마, 저기도 엄마
여기저기 아련한 엄마의 잔상…

엄마손 꼭 붙들고 징징대던 못생긴 아이
과자 하나 쥐어주면 금세 웃던 못생긴 아이…

시장에 가면 자꾸만 사게 된다.
시장에 가면 자꾸만 그리워진다.
시장에 가면 자꾸만 눈가가 흐릿해진다.

엄마가 팔았던 건 외로움이었음을…
엄마가 자꾸 사 오던 건 그리움이었음을…
삶의 고단함이었음을….

시절인연

기대가 없으면
실망도 없다

추억이 없으면
그리움도 없다.

자판기 우유

아니래요

시도 때도 없이 불러내서
그녈 보러 와도 좋아하는 게 아니래요.

너같이 웃긴 여자는 처음 봤다며
그녀만 보면 웃으면서 좋아하는 건 아니래요.

외롭다고 하면 달려오고
슬프다고 하면 달려오고
아프다고 하면 약 사오고

시도 때도 없이 불쑥불쑥 나타나면서도
그녀를 좋아하는 게 아니래요.

그의 친구가 소개해 달라고 졸라대도
이런저런 핑계로 미루면서도
그녀를 좋아하는 건 아니래요.

누가 나 그려주면 얼마나 좋을까
스치듯 건넨 한 마디에
슬쩍 건넨 그녀의 얼굴 그림 한 조각

그저 심심해서 그린 것뿐
그녀를 좋아해서 그린 건 아니래요.

아무것도 아닌 그저 그런 날에
갈대가 예쁜 낯선 강가에 데려가고
아무것도 아닌 그저 그런 날에
별빛이 까마득히 쏟아지는 언덕에 데려가고

그저 심심해서 그런 것뿐
그녀를 좋아해서 그런 건 아니래요.

이건 우정이 아닌 거 같다는
그녀의 단호한 말에
난 스무 살 미녀만 사겨봤다는
어처구니없는 그의 대답

한동안 끊긴 연락에
익숙한 듯 날아오는 태연한 그의 문자
'뭐해? 자니?'

이때다 싶어
화살 쏘듯 날아가는 창백한 그녀의 대답
'누구세요?'

그는 사랑이 아니래요.

그녀도 사랑이 아니었대요.

그저 그런 한 줄기 바람이었을 뿐

그저 한때 스쳐 간 별빛이었을 뿐

아무도 모른다

아무도 없는
캄캄한 거리
등이 구부러진
검은 그림자가

리어카에 폐지를
한가득 싣고서
어그적어그적
천천히 걸어간다.

끼이익~
그 검은 그림자가
와르르 무너진 건
한순간이었다.

눈 부신 빛처럼
세차게 달려와
빛처럼 빠르게
사라져 버린
새하얀 그림자…

자판기 우유

버려지고 꾸겨진
한 조각 폐지처럼
한순간에 스러져버린
가엾은 영혼…

빨갛게 물들어가는
새까만 도로 위로
주름진 손가락이
어딘가를 향해
공허하게 까닥거린다….

아가야, 아가야,
어여쁜 내 아가야~
한 번만
한 번만 더
보고 싶구나…

어슴푸레 밝아오는
새벽빛 사이로
서서히 드러나는
새빨간 눈물….

아재개그

오늘은 하지 말아야지
그래도 한 번만

어리석게 또다시
아재개그 시동

오늘은 한번 걸리겠지
그래 또 한 번만

냉대와 조소 속에
귀하게 피어나는
한 떨기 웃음꽃

이런 아재개그에도
웃어주다니!
그녀는 날
좋아하는 게 분명해!

그래, 다시
시동이다
아재개그 시동!

자판기 우유

그래, 다시

사랑이다!

나 이제

그녀 사랑이다!

아파할 가슴은 있어도 사랑할 가슴은 없다

만남을 알기도 전에
이별을 먼저 배웠네

사랑을 알기도 전에
상처를 먼저 배웠네

애절한 그리움을 느끼기도 전에
형벌 같은 고독을 먼저 알았네

해가 지면 별이 뜨고
별이 지면 또다시 해가 뜬단 걸
그때는 미처 몰랐었네

동굴 속에 갇힌 이에겐
끝없이 이어지는 까마득한 어둠뿐이었네

갑자기 날아든 작은 새를 따라
난생처음 접한 햇살 가득한 세상!

눈이 시리게 푸르고 아름다운 세상!
눈물이 날 만큼 말갛고 싱그러운 세상!

자판기 우유

나도 이제는 사랑하고 싶어
하늘을 사랑하는 작고 여린 새처럼
다시 사랑하고 싶어

하지만 내 깊은 동굴 속엔
아파할 가슴은 있어도
사랑할 가슴은 남아 있지 않아
더 이상 내 안엔 사랑이 남아 있지 않아

내 손에서 날아가는 저 작은 새를
속절없이 멍하니 바라볼 수밖에….

아홉 살 장발장

차가운 눈길에 자란 아이는
먹어도 먹어도 자꾸 허기가 진다.

맨발로 찾아 나선 따뜻한 빛의 장소
그 아이가 찾아 헤맨 건 배고픔만이 아닌
따뜻한 엄마의 품이었다.

깡마른 작은 키의 굶주린 아홉 살 소녀
맨발로 집 밖을 뛰쳐나와
허겁지겁 과자 하나 훔쳐 먹던 아홉 살 장발장

배고픔에 목이 메고 추위에 덜덜 떨며
멍든 몸보다 더 깊은 상처가 가슴속 깊이 박힌 채
더 따뜻한 곳을 찾아 새처럼 날아든 소녀…

이 소녀의 엄마는 누구인가?
뱃속에서 키우고 낳았지만 깊고 깊은
상처만을 안겨준 그녀인가?
배고픈 아이를 태어나 처음으로 따뜻하게
안아준 그녀인가?

자판기 우유

차가운 눈길에 자란 아이는
먹어도 먹어도 자꾸 배가 고프다.
따가운 손길에 자란 아이는
먹어도 먹어도 자꾸 사랑이 고프다.

더 이상 차가운 눈길도 따가운 매질도 없는,
따뜻하게 안아줄 그곳에서
더 이상 배고프지 않고 더 이상 아프지도 않게
따뜻한 눈길, 부드러운 손길로
오로지 사랑만을 먹고 아름답게 자라나길.

악마의 재능

사람을 노래하던 높디높던 그 어른도
천재라 불리우던 고고하던 그 시인도
시처럼 아름다운 노래 만든 그 가수도
모두 그렇게 한순간에 무너지네.
모두 그렇게 순식간에 부서지네.

맑은 영혼으로 살라고 사람을 노래하고
맑은 영혼으로 노래하라고 예쁜 시를 읊조리고
맑은 영혼을 지닌 듯이 시처럼 노래하고

하나같이 아름답던 고귀하신 영혼들
한날 미천한 일개 시민에게 위대한 감동을 선사했던
귀하디귀한 그 영혼이 한순간에 부서졌네.

그깟 쾌락이란 이름
그깟 껍데기의 미에 취해
눈물을 팔아먹고 감동을 팔아먹고
순수를 팔아먹고 영혼을 팔아먹고

존경받던 그 연설
아름다운 그 싯구
가슴 저린 그 노래

자판기 우유

겉은 희고
속은 까만
더러운 껍데기의 욕망들

사람이 희망이라고
시는 곧고 곱다고
사랑은 어른이 되게 한다고
그 누가 말했더라.

껍데기로만 지껄이던 더럽혀진 순수
낮과 밤이 뒤집혀진 어지러운 세상

이제는 어느 누가 진실된 사람을 노래하리.
이제는 그 어디서 참된 시를 읊어주리
이제는 그 언제라도 그 노래는 부르지 마오.

어른

슬프지만 울 수 없고
아프지만 아플 수 없고
화나지만 웃어야 하고

외롭지만 사람이 두렵고
그립지만 가까이 하기엔
너무 먼 당신이고…

거짓과 가식으로 가득 찬,
빌어먹을 이 세상에

무표정한 얼굴로
바보같이 웃고 있는
꿈을 잃은 꼭두각시

내 세상의
전부였던 너는

이젠 온통 모순덩어리
거짓 같은 모순덩어리….

엄마는

- 나 어릴 땐 학교 갔다 와서 바로 논매고 밭매고 그랬어.
- 나 어릴 땐 학교 갔다 와서 동생들 업느라 놀지도 못했어.
- 나 시집갈 땐 일해서 돈 번 거 집에 보태주고 결혼식도 교회에서 했어
- 나 결혼해선 아픈 시어머니 돌보고 애 업고 장사하고 집안일하고 혼자 다 했어

자랑처럼 들려주던 엄마의 옛이야기

- 그럼 엄마, 언제 놀았어요?
- 엄마, 친구는 어딨어요?
- 엄마, 꿈은 뭐였어요?

묻고 싶지만, 묻지 못한 엄마의 옛이야기

자식들 다 자라고 머리 위에 눈이 온통 새하얗게 내려앉은
뒤에야 겨우 쉬게 된 엄마~
이제는 맘껏 뛰놀아도 되는데
이제는 하고픈 거 실컷 해도 되는데…

절뚝절뚝 아픈 다리가 말을 듣지 않네.
아른아른 시린 두 눈이 앞길을 막아서네.
어릴 때 못한 거 다 하고 싶은데
젊을 때 못 간 곳 다 가고 싶은데

자판기 우유

보고 싶던 자식들 왔다가는 그 길에
작은 창밖으로 그 그림자 사라질 때까지
한순간 정지된 듯 멈춰 서서
그 뒷모습 하염없이 바라볼 뿐…

맘은 벌써 그 곁에 달려가고 있다네.
맘만은 언제라도 그 곁에 달려가고 싶다네.

여자답게

여자답게 웃어야지
여자답게 꾸며야지
여자 답게 말해야지

웃으며 건네던
너의 차가운 그말들

여자답게 웃어야 예뻐보이냐
여자답게 꾸며야 사랑스럽냐
여자답게 말해야 사랑할 수 있냐

나 사랑안할란다
그냥 너 가라

자판기 우유

연두꽃

싱그런 연둣빛 잎새도
꽃처럼 환하게 예쁘다.

그늘진 내 맘을
활짝 웃게 해주었으니

너도 오늘부터
내겐 꽃이다.

요상한 이사

어느 집의 이사는 요상도 하다
주인집에는 분명 아이가 둘이라 했건만,
이삿날에는 아이가 둘이었다가~
다음날에는 셋이었다가~
어느 날에는 또 넷이었다가…
주인이 묻는다.
- 아이가 둘이라 하지 않았소?
- 원래 둘이었는데요….
- 아이가 점점 늘어가는 것 같은데~

어느 집의 이사는 참 요상도 하다.
둘이라던 아이가 셋도 되었다가
넷도 되었다가 마지막엔 다섯이라!

아빠 바지춤에서
아이 하나가 숨었다 나오고
엄마 치맛폭에서
아이 하나가 또 숨었다 나오고~

비가 새고 바람이 새고
밤이면 별빛도 새어 나오고
지붕 위에선 검은 고양이가 날아다니는,

자판기 우유

가난하지만 따뜻한,

작은 집 방 두 칸!

날이 갈수록 아이가 늘어나는

신비로운 방 두 칸!

그 옛날 어느 집의 이사는 참 요상도 하다.

욕심

날아가는 새의 날개를 꺾어
너의 어깨에 얹으면
넌 날 수 있을까

환히 웃는 아이의 눈을 따라
너의 눈에 닿으면
넌 웃을 수 있을까

저기 빛나는 별을 따다
너의 손에 놓아주면
넌 내 것이 될 수 있을까….

자판기 우유

울보

잘 웃지도 잘 울지도 않던
이상한 꼬마아이가
화산이 터지듯 눈물샘이 터져 나와
어느 날 갑자기 울보가 됐어.

그래도 부끄러워
구석떼기에서 혼자 울곤 했어.
그러면 너는 어느새
그 곁에 주저앉아 같이 울어주곤 했어.

어린아이처럼 같이 찔찔 울어주던
따뜻한 너의 눈물 자국
괜찮아 울지마 한마디보다
힘이 돼준 너의 울음소리

누구보다 여리고
누구보다 따뜻했던
나처럼 울보인 널 내가 너무 좋아했어.

아이처럼 크게 웃고
아이처럼 크게 울고
들풀처럼 여린 널 너무 오래 좋아했어.

자판기 우유

이름 없던 소녀

어느 이름 없는 소녀가 있었네.
수줍은 미소가 별보다 환하고 밝아서
눈부시게 아름다웠던,
이름 없는 소녀가 있었네.

이유 없는 폭력과 상처를 피해
엄마와 단둘이서 가난하게 살아도
꿋꿋하게 찬란하게 웃음 짓던
이름 없는 소녀가 있었네.

스무 살이 되어서야 이름을 찾은 소녀
별처럼 환한 미소가
한 방울 눈물보다 더 슬펐던 소녀…

누군가에겐 습관 같은 헛된 장난에
그녀의 삶은 스러졌네.
그녀의 모든 것이 스러졌네.

누군가에겐 고작이지만
그녀에겐 하루하루의 피땀이고
매일 매일의 눈물이고
내일의 희망이었던 귀한 것들

자판기 우유

그가 빼앗아 간 것은

그녀의 눈물이었고

그녀의 희망이었고

그녀의 꿈이었고

그녀의 사랑이었고

겨우 찾은 그녀의 이름이었네.

평생을 이름 없이 외로이 살다가

아주 잠시 이름 불리며 행복하게 웃던 소녀

태어나면 누구나 당연하게 얻는 이름

태어나면 누구나 당연한 듯 받는 사랑

그마저도 허락받지 못한 슬픈 소녀의 이름

그마저도 잠시밖에 갖지 못한 애달픈 소녀의 사랑

어느 이름 없는 소녀가 있었네

별똥별처럼 짧은 이름을 남기고 조용히 스러져간 소녀가 있었네.

햇살보다 더 눈부신 미소만 남기고 스러져간 소녀가 있었네.

해맑은 미소가 몇 방울의 눈물보다 더 슬프고 아름다운 소녀가 있었네.

자판기 우유

모두들 나가고 홀로 남은 텅 빈 방
벽에 걸린 호랑이 그림이 무서워
울며 따라나선 낯선 시장길

휘어질 듯 가득 실린 과일 리어카
휘어질 듯 끌고 가는 엄마의 굽은 등

무섭게 쫓아내던 검은 아저씨
길고도 짧은 숨바꼭질 끝에
긴 한숨 쉬며 작은 내 손에 쥐어주던,
굵고 거친 엄마 손 위에 새하얀 자판기 우유

친구들 유치원 가서 가나다라 배울 때,
귤 열 개 천원, 사과 두 개 천원,
숫자놀이 배웠던 나만의 작은 유치원

춥고도 따뜻하고 서럽고도 눈부셨던
내 어린 지난날, 다시는 갈 수 없는,
엄마와 나만의 작은 놀이터

아직도 자판기 속 새하얀 우유에선
엄마 냄새가 난다.

거칠고도 따뜻한 엄마 손길 닮은

엄마 냄새가 난다.

월간 오디오북 마음시

격월간 오디오북 마음시 11월-12월호 中

'자판기 우유' **이은성** 낭송 **이온겸**

*어린 시절, 딸 다섯에 막내인 나는 학교 간 언니들이 올 때까지 혼자 방안에서 놀다가 어느 날부터인가 울면서 엄마를 따라다니기 시작했다. 지금은 그 어디에서도 볼 수 없는 자판기우유지만, 달달하고 따뜻했던 그 맛, 그 향기가 아직도 가끔 생각이 난다. 얼마전 돌아가신 엄마가 금방이라도 내게 환히 웃으며 자판기우유를 건네줄 것만 같다….

첫 눈 길

첫눈이 내리면 만나러 온다던
그대 오는 길 잊어버릴까 봐
잠시라도 그 모습 놓쳐 버릴까 봐
하염없이 창밖을 바라봅니다.

사뿐히 내려앉은 가녀린 흰 눈이
어느새 까만 길을 하얗게 덮어버리고
그대 오는 길마저 가려 버릴까 봐
희뿌애진 창문을 닦고 또 닦다가

조급해진 내 맘을 어쩌지 못해
대문 앞을 왔다갔다 서성거리다
저만치 쌓인 눈을 쓸어버릴까
한참을 그 자리서 뱅뱅거리다

그대 오는 어여쁜 발자국 지워 버릴까
그대 오는 고운 소리마저 지워 버릴까

손에 쥔 빗자루 단숨에 던져 버리고
하염없이 내리는 하얀 그 눈을
그대의 눈빛인 양 바라만 봅니다.

자판기 우유

첫사랑의 향기

서울에서 사진을 찍던 희고 고운 손으로
그는 빵을 구웠다
내 경상도 사투리가 나올 때마다 웃어대던
그는 수줍음이 많았다.

빵을 굽는 게 부끄러운지
그는 내게 빵집이 어딘지 알려주지 않았다.
그가 아주 멀리 떠나고 난 후
그가 일했던 빵집을 찾았다.

갓 구운 빵에서 왠지 그의 향기가 났다.
그가 떠나고
그가 만들었을지도 모를 빵을 먹었다.
눈물이 났다.

그가 떠나고 나서야
그가 만든 빵을 먹었다.

그가 일하던 빵집에서는 그의 향기가 났다.
그곳에서는 첫사랑의 향기가 났다.
그리워 질까봐 외로워 질까봐 눈물이 날까봐
다시는 그곳에 가지 않았다.

자판기 우유

빵집

청개구리

여름 속 겨울

여름엔 겨울을 생각하고 봄을 생각하고
어둠 속에선 빛을 그리워하고
빛 속에선 어둠 속에 숨고 싶어 합니다.

당신 옆에선 무뚝뚝하게 아무 말도 못 하고
무표정으로 멀뚱히 서 있다가
당신이 떠나고 나면 당신이 너무 그리워져서
혼자서 뒤돌아 웁니다.

오늘도 나는 이 지난한 더위 속에서
봄을 그리워하고 겨울을 기다리고
멀어진 당신을 그리워합니다.

청춘

차가운 퇴근길,
저기서 청춘이 걸어왔다.
청춘의 탈을 쓴 청춘이 내게로 서서히 걸어왔다.

수줍게 카메라를 들이대자
내게 웃으며 브이자를 그려 주었다.

웃는 청춘 탈속의 청춘도 웃고 있을까,
내게 다가온 청춘의 미소가 웃는 듯 우는 듯
내 눈앞에서 서서히 사라져간다.

자판기 우유

청춘

초식남

누구에게나 친절하고
누구에게나 따뜻하고,
어느 봄날에 예고 없이 피어난
한길가의 작은 들꽃처럼
너무나 예쁘게 웃던 사람

오늘 저 여자를 좋아하나
아니아니 어제 그 여자를 좋아하나
이리저리 골똘히 생각해봐도
도무지 맘을 알 수 없던 사람

하찮고 작은 농담 하나에도 설레이고
잠깐 스친 미소에도 가슴 뛰게 하던 사람

어릴 적 친구들과 자주 하던,
스무고개 수수께끼처럼
도무지 속을 알 수 없던 사람

어떤 여자 좋아해요?
어떤 사랑 해봤어요?
한 번만 물어볼까

자판기 우유

혼자서 망설이다
결국은 돌아서게 하는 사람
결국은 내가 아닐까 봐
수없이 망설이다 돌아서게 하는 사람

싱그럽고 너른 풀밭에 누워
아무런 걱정도 욕심도 없이
해맑은 아이마냥 가만히
하늘만 바라볼 것 같던 사람

사랑을 미처 시작도 하기 전에
혼자서 가슴 저리게 하던,
내겐 너무 신기한 사람

폭식증과 거식증

먹어도 먹어도
채워지지 않는 것은
그대를 향한 지독한 그리움 때문이오,

비워도 비워도
먹을 수 없는 것은
내 안에 이미 그대가 가득한 까닭입니다.

때로는 그리움으로 가득 차고
때로는 그대로 인해 가득 차는

그대밖에 모르는
이토록 어리석은 나인데,

그대는 어찌하여
나의 껍데기만을 사랑하나이까?

자판기 우유

하늘 담배

내가 싫어하는 담배 연기
니가 좋아하는 담배 한 가치

니가 내뿜던 담배 연기
같이 내뿜던 너의 한숨

그 마음 그 기분
이제 나도 알 것 같아

답답하고
외로울 땐
하늘을 봐

크게 숨 들이켜고
긴 한숨 뿜어내면

눈앞에 떠도는
새하얀 구름

널 향해 내뿜은
내 마음이야

널 위해 만드는

하늘 담배야

헛된 약속

다음에 꼭 보자던
헛된 너의 그 말에

잠시 귓가를 스쳐 가는
바람이 너인가 싶고

문틈으로 새어 나오는
끼익 소리가 니 목소리인가 싶고

창가에서 새어 나온
햇빛 속에 뛰어든
작은 무지개는 니 눈빛 같아….

비오는 날

혼자서

혼자서 많이 외로워 봐야
같이 있어도 외롭지 않을 수 있다.

혼자서 많이 아파해봐야
같이 있어도 아프지 않을 수 있다.

혼자서 많이 울어봐야
같이 있을 때 울음을 삼킬 수 있다.

누구나 혼자서 견뎌내야 할
그만큼의 고독이 있는 법

누구나 혼자서 버텨내야 할
그만큼의 상처가 있는 법

누구나 혼자서 한 계곡을 건널 만큼의
눈물을 한 움큼 쏟아내야
인생이란 강을 건널 수 있기에

자판기 우유

후회

같은 거 자꾸 사 온다고 잔소리하지 말걸
같은 거 자꾸 말한다고 짜증 내지 말걸

드라마 같이 보자 할 때 옆에 있어줄걸
목욕탕같이 가자 할 때 귀찮아하지 말걸

엄마 김치 맛있다고 한 번 더 말해줄걸
엄마 김치 만드는 거 가르쳐달라 할걸

엄마도 아기가 될 수 있단 걸 몰랐어
엄마가 이리 빨리 아기 될 줄 몰랐어

이제 내가 엄마 해줄게
이제 내가 아빠 해줄게

조금만 더 천천히 가줘
조금만 더 오래오래
내 곁에 있어 줘

자판기 우유

그리네

아무도 읽지 않을 글을 쓰고
아무도 보지 않을 그림을 그리고
아무도 듣지 않을 노래를 부르네.

너 하나 없는 여기에 홀로 남아
그 어디에도 부치지 못할 편지를 쓰네.
그 누구도 보지 못할 너를 그리네.
그 누구도 듣지 못할 너를 부르네.

아무도 없는 곳에서
어디에서도 볼 수 있는,
나만의 너를 그리네.

그저 너 하나 잊기 위해
오늘도 너를 그리네.

POST

에필로그

나의 성장은 어느 순간 멈춘 듯했다.
중학교 때까진 학교, 집, 도서관밖에 모르는, 흔히 말하는 모범생이었고, 어느 날 갑자기 폭탄 같은 아픔이 찾아와 암흑 같은 시간이 찾아왔다.

해를 등지고 앉아 어둠밖에 모르는 것처럼 살았다.
끝날 것 같지 않던 암흑 같던 터널을 지나, 조금씩 빛이 새어 들어왔고, 이제서야 비로소 빛을 제대로 마주한 느낌이다.

암흑 같은 십 대, 이십 대를 지나 이제서야 눈을 뜬 느낌~
누군가의 말처럼 눈뜨고 정신 차려보니 나이 들어 주름진, 훌쩍 지난 삼십 대가 되어있었다.

못난이 컴플렉스에 뾰족한 가시투성이에 스스로를 찌르고 상처 내느라 깊은 어둠 속에서 스스로 갇혀있던 날들…

이제서야 비로소 나와 화해를 한 것만 같다.
이제서야 조금씩 나를 좋아할 수 있을 것 같다.

언젠가 어두운 긴 터널을 지나온 그 아픔의 시간을 글로 그려보고 싶지만, 아직은 조금 두렵다.
아직은 조금 어렵다. 조금만 더 많이 자라면…

누군가는 내가 남들과 달라서 특이하고 재밌어서 좋다고 했고, 누군가는 나와 몇번 밖에 안 보고 몇 마디만 해보고도 이상하다고 했다.

이제는 상처가 많아서 이상하다는 그런 말에도 아프지 않을 수 있다!
이제는 거울을 마주하고도 두렵지 않을 수 있다!
누군가 나처럼 어둠 속에서 아파하는 이가 있다면 위로해주고 싶다.
느려도 괜찮다고, 아주 많이 오랫동안 아파해도 괜찮다고…
언젠가 너만의 속도로 너만의 빛으로 너만의 꽃을 피울 수 있는 그런 날이 올 거라고…

아프고 어두웠던 그 시간만큼
더 많이 사랑하고 빛내면 된다고….

손그림 : 이은정

자판기 우유

1판 1쇄 발행 2022. 02. 05

지 은 이 이은정
그 림 이상수
발 행 인 박윤희
발 행 처 도서출판 이곳
디 자 인 디자인스튜디오 이곳
등 록 2018. 10. 8 신고번호 제 2018-000118호
주 소 서울 송파구 송파대로44길 9(송파동) 402호
팩 스 0504.062.2548

잘못 만들어진 책은 구입하신 곳에서 교환해드립니다.
값은 뒤표지에 있습니다.
ISBN 979-11-977173-1-4(03190)

도서출판 이곳
우리는 단순히 책을 만들지 않습니다.
작가와 책이 마주치는 이곳에서 끊임없이 나음을 너머 다름을 생각합니다.

홈페이지 www.bookndesign.com
이 메 일 bookndesign@daum.net
블 로 그 blog.naver.com/designit
유 튜 브 **도서출판이곳**
인스타그램 @book_n_design @here_book_books

이 도서의 국립중앙도서관 출판예정도서목록(CIP)은 서지정보유통지원시스템 홈페이지(http://seoji.nl.go.kr)와 국가자료종합목록시스템(http://www.nl.go.kr/kolisnet)에서 이용하실 수 있습니다.